MÉMOIRE

SUR

LA DISTRIBUTION DE LA POPULATION FRANÇAISE

PAR SEXE ET PAR ÉTAT CIVIL,

ET SUR LA NÉCESSITÉ DE PERFECTIONNER NOS TABLEAUX

DE POPULATION ET DE MORTALITÉ;

PAR M. VILLERMÉ.

(Lu à l'Académie des Sciences morales et politiques, en 1834.)

Les tableaux officiels qui ont été publiés sur la population de la France font connaître, pour chaque
département, arrondissement et canton, le nombre
total des habitans, y compris les hommes que ces
divisions territoriales fournissent à l'armée. Ces tableaux n'offrent d'ailleurs aucun détail. Moins complets que ceux de l'Angleterre, de la Belgique, de

la Suède, de la Prusse, des États de l'Union-Américaine et de plusieurs autres pays, ils ne distinguent ni le sexe, ni l'âge, ni l'état civil. L'on ne peut savoir, en les examinant, combien il y a chez nous de personnes qui n'ont pas encore tel ou tel âge, ni combien l'ont dépassé, etc., etc. Ce n'est même pas avant le dénombrement de 1831 que l'on a voulu sérieusement connaître, pour toute la France, la division de la population par sexe et par état civil.

Vainement on dira que la loi de la population par âges, en France, est publiée tous les ans dans *l'Annuaire du Bureau des Longitudes*. Cette loi, qui suppose, contre la réalité, la population stationnaire, et qui a été directement déduite de la table de mortalité de M. Duvillard, est si peu applicable à l'époque actuelle, que, d'après la table dont il s'agit, 28 ans 9 mois (28 , 76) seraient, pour les deux sexes réunis, la durée de la vie moyenne (1); tandis que tous les faits recueillis depuis un certain nombre

---

(1) Voyez, dans l'ouvrage intitulé : *Analyse et tableaux de l'influence de la petite-vérole sur la mortalité*, etc., par M. Duvillard, Paris, 1806, in-4, la note de la page 122. On y lit que la table de mortalité dont il s'agit, résulte de 101,542 décès observés avant l'année 1789, en divers lieux de la France qui n'ont pas été indiqués. On ne sait donc pas comment ces lieux ont été choisis, et si ce sont les villes ou les campagnes qui ont fourni la plus grande partie des 101,542 décès. Enfin, l'on ignore si l'auteur a eu le soin, pour mieux arriver à la proportion véritable du tribut que, termes moyens, chaque âge paie à la mort, de ne faire ses recherches que dans des localités qui ne perdent aucun ou presque aucun habitant par l'émigration et n'en acquièrent que par la naissance.

d'années, portent à croire que cette durée est beaucoup plus longue. On sait, en outre, qu'elle n'est pas la même pour les deux sexes, et que partout les femmes vivent plus que les hommes : la différence paraît être, terme moyen, de plusieurs années. Aussi notre confrère de l'Académie des Sciences mathématiques et physiques, M. Mathieu, n'a-t-il pas cessé de répéter depuis plusieurs années dans les *annuaires du bureau des Longitudes*, *qu'il est à desirer que l'on rassemble tous les documens nécessaires pour construire bientôt une table qui convienne mieux à l'état actuel de la population française.* (1)

L'utilité d'une nouvelle table de mortalité pour la France n'est point douteuse, pas plus que ne l'est l'utilité de tous les renseignemens qui, fournis dans les listes de population ou de mortalité des pays étrangers, manquent aux nôtres.

Ce n'est donc pas sans raison que l'on reproche à l'administration française les lacunes de ses recensemens, et l'omission des âges dans les tableaux des morts que donnent les *Annuaires du Bureau des Longitudes.* En effet, il ne suffit pas, pour bien connaître la population d'un pays, de savoir exactement le chiffre des habitans qu'il nourrit, et le chiffre de ceux qui chaque année y naissent et meurent; car des populations numériquement égales ont souvent une valeur intrinsèque très différente : l'une pourra dé-

---

(1) Voyez, dans les *Annuaires du Bureau des Longitudes*, les observations sur la table de a mortalité et de la population.

velopper une grande somme de forces, l'autre en sera incapable. (1)

Je m'explique, et je prends pour exemple notre département du Lot, la Belgique et le diocèse de Nijni-Nowgorod en Russie. Sur mille enfans qui naissent dans chacun de ces trois pays, la mort en enlève avant la quinzième année accomplie, savoir:

367 dans le département du Lot (2).
440 — la Belgique (3), et
661 — le diocèse de Nijni-Nowgorod (4).

Quelle différence! Sur 1,000 enfans pris à la naissance, 339 seulement voient commencer leur seizième année dans le diocèse de Nijni-Nowgorod, et c'est dans le département du Lot jusqu'à 633! Je le demande, est-ce que, dans les trois exemples cités, le force, la puissance ne sera pas, toutes choses étant du reste semblables, pour le département du Lot,

---

(1) Il ne s'agit point ici de la force morale ou intellectuelle que les croyances, les passions ou les civilisations développent, mais uniquement de la force physique.

(2) Voyez la *Statistique* de ce département, par M. Delpon, *Paris*, 1831, in-4, tome Ier, page 252.

(3) Voyez *Recherches sur la reproduction et la mortalité de l'homme aux différens âges, et sur la population de la Belgique*, par MM. Quetelet et Smits, *Bruxelles*, 1832, in-8, page 36.

(4) Voyez, dans les actes de l'Académie impériale de Saint-Pétersbourg, tome Ier de la VIe série (Saint-Pétersbourg, 1830), le Mémoire de M. Ch. Th. Herrmann, sur la mortalité des enfans en Russie. Il faut observer que ce travail s'applique aux seuls enfans mâles, dont la mortalité est plus forte que celle des filles.

qui, perdant si peu d'enfans, compte, proportion gardée, tant d'hommes faits, et la faiblesse, l'infériorité à tous égards, pour la population qui nourrit un si grand nombre d'enfans, dont si peu parviennent à l'âge adulte. (1)

Il est également certain que 100,000 Normands du Calvados ou de la Manche valent mieux que 100,000 Bretons du Morbihan ou du Finistère, parce que les premiers, ayant une vie moyenne plus longue que celle des seconds, offrent plus d'hommes dans la force de l'âge (2). Par une raison analogue,

------

(1) Si l'on suppose exacte la différence de 339 à 633, il faut, pour que 1,000 individus voient commencer leur seizième année, 1,580 naissances dans le département du Lot, et jusqu'à 2,950 dans le diocèse de Nijni-Nowgorod. Mais on ne doit pas croire pour cela, en admettant d'ailleurs qu'un enfant coûte également cher à élever dans les deux pays (supposition que rien ne justifie), que, pour obtenir un homme fait, la dépense soit presque double dans le diocèse de Nijni-Newgorod de ce qu'elle est dans le département du Lot. Cela n'est point, parce que la grande différence qu'on observe entre les deux pays pour la mortalité des enfans, a surtout lieu dans les premiers temps qui suivent la naissance. A partir de celle-ci la différence diminue continuellement.

(2) En voici la preuve : Pendant la période de 1817 à 1821, il y a eu, terme moyen, un décès sur :

50	70	habitans	dans le Calvados.
48	58	—	dans la Manche.
31	24	—	dans le Morbihan.
26	26	—	dans le Finistère.

Enfin, en 1821, seule année pour laquelle la recherche ait été faite, l'âge qui répond à la moittié des décès a été :

Après 40 ans dans le Calvados.

dans le département de l'Ain, les 21,651 habitans de l'arrondissement de Gex, dénombrés en 1831, valent mieux qu'un pareil nombre d'habitans de l'arrondissement de Trévoux (1); tout comme dans le département de Loir-et-Cher, 45,107 habitans de l'arrondissement de Blois valent mieux que les 45,107 de l'arrondissement de Romorantin (2); tout comme encore,

---

De 3o à 4o ans dans la Manche.
De 20 à 3o dans le Morbihan.
Et 20 ans dans le Finistère.

Si l'on me demande pourquoi je n'ai pas indiqué, entre 20 et 4o ans, l'âge précis auquel correspond la moitié des décès, voici ma réponse : Les tableaux authentiques que j'ai consultés n'indiquaient l'âge des morts, passé celui de 20 ans, que de dix en dix ans.

L'assertion que je viens d'émettre, que les Normands du Calvados et de la Manche valent mieux que les Bretons du Morbihan et du Finistère, du moins pour la durée de la vie, et j'ajoute pour la taille et la bonne conformation, sera hors de doute si l'on examine comparativement les résultats de la mortalité et ceux des réformes de conscrits dans les quatre départemens.

Sir Francis d'Ivernois a d'ailleurs, dans un écrit dont je parlerai plus loin, fait voir que pendant la période quinquennale 1826 à 1830, la mortalité a été bien moins forte dans la Normandie entière, et particulièrement dans les deux départemens de l'Orne et de la Manche, que dans celui du Finistère : la différence est de 1 sur 4o, 44 et 52 à 1 sur 3o. On remarquera que malgré l'intervalle qui sépare les deux périodes examinées par sir Francis d'Ivernois et par moi, la tendance du résultat général annoncé est la même.

(1) La Bresse marécageuse fait partie de l'arrondissement de Trévoux.

(2) Ceux qui connaissent le département de Loir-et-Cher savent qu'il n'est point riche, et que l'aisance des habitans, plus commune dans l'arrondissement de Blois que dans ceux de Vendôme et de Romorantin, est surtout rare dans le dernier, qui en outre est insalubre.

dans l'arrondissement de Brioude, département de la Haute-Loire, les 6,192 habitans du canton de Blesle valent mieux qu'un pareil nombre d'habitans du canton d'Auzon, etc. (1)

On conçoit fort bien que ce sont les individus dans la vigueur de l'âge qui font le nerf des populations ; que dans les pays où l'on compte beaucoup de jeunes enfans et peu d'adultes , un nombre donné d'habitans ne saurait développer ni la même force, ni la même capacité de travail , que si les enfans étaient moins nombreux ou devenaient plus souvent des hommes faits, et que les enfans qui meurent en bas âge ou avant de n'avoir rien produit, loin de pouvoir contribuer en quoi que ce soit à la prospérité d'un état, en sont au contraire une cause d'affaiblissement ou de ruine : leur mort est une banqueroute, un naufrage qui fait perdre à leurs familles et à la société tout ce qu'ils ont coûté, tout ce qu'ils ont consommé. La force, la puissance productive ou réelle de la population d'un état tient donc, *en grande partie*, au partage des habitans entre les différens âges, et toutes les fois qu'il s'agit de l'évaluer, on doit avoir égard à ce partage. (2)

----

(1) Les chiffres de la population du canton de Blesle et des arrondissemens de Romorantin et de Gex sont ceux du recensement de 1831.

(2) Je ne prétends point d'une manière absolue, cependant, qu'il n'y ait jamais de circonstance où la société doive gagner par l'existence de nombreux enfans qui ne sont pas destinés à atteindre l'âge adulte. J'admets, si l'on veut, qu'il y ait bénéfice pour les pays où les enfans coûtent peu à élever et contribuent, dès leur bas âge,

Ajoutons que dans les cantons de la France qui sont désignés plus haut comme ayant, à nombre égal d'habitans, à cause des âges de ceux-ci, une population plus robuste, plus vigoureuse, plus utile ou susceptible d'être plus utile au pays, que ne l'est celle des autres cantons également nommés, les résultats de la conscription ont prouvé que l'espèce d'hommes y est aussi plus grande, et les non-valeurs pour l'armée ou les réformes bien moins fréquentes que dans les derniers cantons, non-seulement pour cause de défaut de taille, mais encore de maladies ou de difformités. (1)

Je ne citerai pas ici, comme une preuve de mon assertion, la taille élevée des Normands comparée à celle des Bretons. Mais sans vouloir m'appuyer sur ce fait généralement connu, je dirai que pendant les cinq années 1805 à 1809, il y a eu, sur 1,000 conscrits examinés par le conseil de recrutement, 323 réformes dans l'arrondissement de Blois, et jusqu'à 562 dans l'arrondissement voisin de Romorantin, formé par une grande partie de la Sologne, pays pauvre, stérile et insalubre. (2)

à la production générale. Mais cela ne détruit point mon assertion, et il reste certain que dans tous les cas, soit qu'il s'agisse de puissance militaire, soit de puissance intellectuelle, soit de puissance industrielle, le plus grand bénéfice résulte des hommes faits ou des enfans qui le deviennent, et qu'à population égale, une plus longue vie moyenne annonce toujours des hommes plus vigoureux.

(1) Voyez tome Ier de ces *Annales*, page 532, *Mémoire sur la taille de l'homme en France*.

(2) Depuis la lecture de ce travail j'ai pu consulter l'*Essai sur la*

Enfin, en supposant toujours 1,000 le nombre des conscrits examinés, dans le canton de Blesle, où le sol est fertile, les hommes bien portans et d'une belle stature, on a compté 260 réformes, et, pendant les mêmes années, jusqu'à 580 dans le canton voisin, mais pauvre et stérile, d'Auzon, où les hommes sont en général petits et peu vigoureux. (1)

Ces faits sont bien propres à faire admettre une influence positive du climat, de la nourriture, des travaux et de toutes les circonstances qui constituent l'aisance ou la misère, sur notre développement et notre santé.

Citons encore, parmi d'autres faits analogues, ceux qui concernent le département des Landes.

Trois arrondissemens le composent.

L'arrondissement de Mont-de-Marsan, où, pour les conscrits des classes de 1801 à 1809, la taille moyenne a été de 1,584 millimètres, et les réformes de 362 sur 1,000;

Celui de Saint-Sever, où, pour les huit mêmes levées successives, la taille moyenne a été de 1,634 millimètres, et les réformes de 547 sur 1,000 conscrits;

---

population du département de Loir-et-Cher, par M. Pétigny. On y voit que pendant la période décennale de 1816 à 1825, la taille moyenne des hommes a été de 1 m. 632 millim. dans l'arrondissement de Blois, de 1 mètre 609 millimètres dans celui de Romorantin. *Voyez la page* 143), et les exemptions de 357 sur 1,000 (1,501 sur 4,202) dans le premier arrondissement, et de 435 sur 1,000 (869 sur 1997) dans le second. *Voyez le tableau G.*

(1) Tom Ier page 532, *Mémoire sur la taille de l'homme.*

Et celui de Dax, où la taille moyenne a été de 1,660 millimètres, et les réformes de 309 sur 1,000 conscrits.

Voici maintenant des détails qui méritent de fixer l'attention.

Dans l'arrondissement de Mont-de-Marsan, celui où la taille est la plus petite et les réformes les plus nombreuses, sur 130 communes qui le composent, 93 sont éparpillées sur une immense étendue de pays plat, marécageux, sans plantations autres que les *pignadars*, et sans eaux courantes. C'est là le vrai pays des Landes. Les hommes y habitent des chaumières qui n'ont point de fenêtres, et s'y nourrissent misérablement de pain de seigle et de farine de millet bouillie (*escoton*). Ils sont en outre écrasés de travaux, et chaque année en butte à des fièvres endémiques. Aussi sont-ils d'une petite taille, et d'une faible constitution.

Dans l'arrondissement de Saint-Sever, un grand canton, celui de Tartas, est encore dans la Lande, et participe aux mauvaises conditions dont il vient d'être parlé. Mais tout le reste est d'une culture plus productive; le paysan y a de bonnes eaux, y récolte et boit du vin, se nourrit de pain de seigle, de maïs et de fruits. Il est aussi plus propre, mieux logé, mieux vêtu, et, comme nous venons de le voir, de plus belle espèce que dans la Lande.

L'arrondissement de Dax, où la taille est à son *maximum* et les réformes à leur *minimum*, offre trois sortes de localités bien distinctes. Une partie de cet arrondissement ressemble à celui de Saint-Sever, et toutes les observations relatives à ce dernier s'y appliquent. Une autre partie, appelé le *Marencin*, a beaucoup d'analogie avec la Lande. Dans la troisième, qui est voisine de la Gave, très fertile, très bien cultivée, il y a véritablement de l'aisance; enfin, les individus y sont d'une belle stature, d'une forte constitution, et ce sont eux qui rendent la taille moyenne plus élevée, et les réformes moins nombreuses que dans les deux autres arrondissemens. (1)

Ces faits sont la preuve que des pays voisins, qui ont numériquement une même population, offrent souvent des ressources militaires en hommes bien différentes.

Dans les contrées où les fatigues, les privations, l'insalubrité, la misère, assaillent les habitans, il y a beaucoup de jeunes enfans avec peu d'adultes et de vieillards, parce que l'on y paie chaque année un large tribut à la mort, que les générations s'y succèdent rapidement, et que les naissances y sont d'ordinaire très nombreuses. Dans les pays, au contraire, où l'aisance est générale et la population bien portante, il y a beaucoup d'hommes faits avec peu de

(1) *Mémoire précité sur la taille de l'homme.*

Les différences entre les trois arrondissemens des Landes ne paraîtront peut-être pas assez considérables pour prouver beaucoup. Mais elles tirent leur force principale de différences nombreuses, et analogues par leurs causes, que j'ai rassemblées dans le Mémoire cité; Mémoire dans lequel on trouve réunis tous les détails que plusieurs préfets avaient consignés, relativement à la conscription, dans des pièces ou rapports qui sont déposés aux archives du royaume.

jeunes enfans, parce que les naissances et les décès y sont en petit nombre. C'est du moins ce qu'on observe généralement dans notre vieille Europe.

Ainsi, voilà des circonstances qui ne permettent point d'évaluer la force d'une population dont on ne connaît que le chiffre. Ajoutons que dans les travaux qui demandent l'emploi de la puissance musculaire, il n'y a pas à considérer seulement le nombre, l'âge et la santé des ouvriers ; la part de chaque travailleur est, *très communément*, d'autant plus grande, du moins parmi les personnes d'un même pays, que sa taille est plus élevée (1). L'observation en est si générale que partout on donne, pour ces sortes d'ouvrages, un prix de journée plus haut à l'homme qu'à la femme, et très souvent à l'homme d'une grande stature qu'à celui qui est petit.

C'est assez, je crois, pour établir, d'une manière incontestable, l'énorme différence qui existe très fréquemment entre les habitans de deux contrées

---

(1) Je puis citer à l'appui de cette assertion des observations faites en grand dans des ateliers de travaux publics, et qui prouvent que les effets produits sont en moyenne, suivant les espèces de travaux, du quart, du tiers en sus, ou même davantage, pour les hommes d'une haute stature, comparés à ceux qui sont petits. (Voyez, dans la *Statistique du département de Montenotte*, par M. le comte Chabrol de Volvic, le chapitre concernant la constitution physique des habitans, et les tableaux relatifs à la force moyenne de l'homme, tome Ier, p. 318 — 323.) Je tiens de M. Chabrol, qui a omis de le mentionner dans l'ouvrage cité, que les observations ont été faites pendant plus d'une année consécutive, sur une moyenne de 250 à 300 ouvriers du sexe masculin. Les ouvriers du sexe féminin ont été en très petit nombre.

voisines, même limitrophes, sous le rapport de l'ap-
titude aux travaux de l'agriculture, des ateliers et
de la guerre, c'est-à-dire sous le rapport des *forces
réelles* ou *productives* qu'ils peuvent développer, et
pour faire sentir la nécessité que les *recensemens* de
la population soient exécutés, comme cela se pratique dans d'autres états de l'Europe, et même dans
les états de l'Union-Américaine, de manière à don-
ner avec le chiffre total des habitans, leur distribution par âges et par sexe. Tant que nos *recensemens*
ne seront pas aussi complets que ceux des pays dont
il s'agit; tant que nous n'aurons pas une nouvelle
table de mortalité qui distingue les sexes; tant que
nous ne saurons pas pour chaque département, même
séparément pour les villes et les campagnes, l'âge
moyen des vivans, leur vie moyenne, leur vie probable, la taille commune des hommes, avec la proportion de ceux qui sont trouvés bons ou mauvais
pour l'armée (1), et le nombre des étrangers dont la

---

(1) Les statistiques de quelques-uns de nos départemens font connaître plus ou moins ces choses; mais nous ne possédons qu'un très
petit nombre de ces statistiques.

Les recensemens de 1806 et 1831 dans le département de l'Oise,
ont fait connaître la division de la population par âges pour toutes
les communes; et les mêmes recensemens avec celui de 1821, la division de la population par sexe, par état civil et même par prin-
cipales professions. (Voyez les *Annuaires statistiques et administra-
tifs du département de l'Oise*, Beauvais, 1826-1836, par in-8, M. de
Graves.)

Grâces à des recherches aussi consciencieuses que laborieuses de
M. F. *Demonferrand*, nous aurons bientôt une table de mortalité par
sexe pour chaque département. Les travaux de M. Demonferrand ne
sont encore connus que par des notes dont il les a accompagnés en

présence ajoute au chiffre du dénombrement, l'administration elle-même ne connaîtra que fort imparfaitement nos ressources en hommes, et la valeur véritable de la population. C'est parce qu'elle ignore ces choses, ou n'en a qu'une connaissance vague, qu'elle avait pris, jusqu'en 1831, la population générale pour unique base de répartition de l'impôt en hommes, et qu'elle s'obstinait à demander tous les ans à plusieurs départemens, comme la Corrèze, la Lozère, le Cantal, même la Seine (1), et à un grand nombre de cantons, un contingent militaire qui ne pouvait jamais être complété. (2)

En émettant le vœu qu'à l'avenir nos tableaux relatifs à la population et aux décès donnent tous les renseignemens importans qu'ils devraient offrir, je

les soumettant au jugement de l'Académie des sciences mathématiques et physiques. Je n'ai pu en faire mention lors de la lecture de ce mémoire : ce n'est pas avant l'année 1835 que l'auteur en a présenté les résultats à l'Académie des sciences mathématiques et physiques.

(1) Voyez, pour ce dernier département, le discours que M. le ministre de la guerre a prononcé devant la Chambre des députés, le 1ᵉʳ décembre 1830. Voir aussi le discours prononcé devant la même Chambre, dans la séance du 20 juin 1829, par M. le général Mathieu Dumas, sur les réclamations des pères de famille de Paris contre le mode de répartition du contingent, etc.

(2) Voyez surtout : *Nouvelles Observations sur l'assiette de l'impôt en hommes*, par M. Hargenvilliers, ancien chef de division au ministère de la guerre, et *mon Mémoire sur la taille de l'homme en France*. Ce dernier travail, antérieur à l'autre, a paru en 1829.

La base actuelle de répartition du contingent est le nombre des conscrits évalué d'après une moyenne de cinq ans. Elle est beaucoup plus juste que l'ancienne.

ne demande point l'impossible. En effet, l'expérience de beaucoup de pays l'a prouvé pour une partie de ces renseignemens; et, quant aux autres, les comptes annuels du ministre de la guerre sur le recrutement de l'armée suffiraient seuls à démontrer que, dès qu'elle le voudra, l'administration pourra les réunir. Un résumé tel que je le réclame pour les conscrits, ne serait pas plus difficile à rédiger que le tableau, publié tous les ans, qui constate les divers degrés d'instruction des jeunes gens compris sur les listes du contingent de chaque département (1). Et d'ailleurs, les résultats numériques des opérations des *Conseils de révision*, qui terminent tous les comptes sur le recrutement de l'armée, ne sont autre chose, pour la France entière, que les résultats sommés des détails que je voudrais y voir : seulement, dans ces comptes, il faudrait distinguer, par départemens, les individus exemptés du service militaire, pour maladies ou infirmités, de ceux qui le sont pour défaut de taille, et indiquer la taille moyenne.

En attendant les perfectionnemens que je desire dans les comptes officiels sur le recrutement de notre armée, et dans nos états de population et de décès, perfectionnemens que la parole d'un ministre du roi a en quelque sorte promis (2), qu'une première pu-

---

(1) Ce tableau est dû aux sollicitations de M. le baron Charles Dupin. Il fait partie du compte annuel de M. le ministre de la guerre sur le recrutement de l'armée.

(2) Le 7 mai 1834.

blication faite par lui commence à réaliser (1), et que d'ailleurs le temps ne peut manquer d'amener, je vais reproduire ici, sur la population générale de la France, des renseignemens qui résultent du dernier dénombrement, celui de 1831. (2)

Ces renseignemens nous apprennent que sur 32,569,225 personnes *recensées*, par sexe et par état civil, en 1831, il y en avait, savoir :

	Du sexe masculin.	Du sexe féminin.
Garçons	8,866,422	
Filles		9,069,923
Hommes mariés	6,047,841	
Femmes mariées		6,056,836
Veufs	722,611	
Veuves		1,502,359
Militaires sous les drapeaux	303,231	
	15,940,105	16,629,118

Par conséquent, on a trouvé :

23 individus du sexe masculin contre 24 du sexe féminin ;

43 garçons de tous âges contre 44 filles, si l'on fait abstraction de l'armée, ou bien en la comprenant, et en supposant qu'elle se compose entièrement de célibataires, 92 des premiers contre 91 des

---

(1) V. le 1er volume de : *Documens statistiques sur la France, publiés par le Ministre du Commerce*, en 1835.

(2) V. le volume de : *Documens statistiques sur la France, publiés par le Ministre du commerce*, en 1835.

secondes. Mais un certain nombre des hommes qui sont sous les drapeaux étant mariés, surtout parmi les officiers, il y a en réalité moins de garçons que ne l'indique le rapport de 92 à 91, et plus que ne l'indique le rapport de 43 à 44;

672 hommes mariés contre 673 femmes qui le sont aussi;

Enfin un seul veuf pour deux veuves, ou plus exactement 325 contre 675. Le petit nombre des veufs qui sont à l'armée ne peut changer sensiblement la proportion.

Ainsi, il existe en France, comme dans les autres pays de l'Europe, si les chiffres du recensement de 1831 sont exacts, plus de femmes que d'hommes; et pourtant il naît plus de garçons que de filles. Mais, on l'a déjà vu, la mortalité des hommes est plus forte, plus rapide que celle des femmes; et d'ailleurs les émigrations, les voyages à l'étranger, sont plus fréquens pour le sexe masculin que pour le sexe féminin.

Il y a beaucoup plus de veuves que de veufs. C'est encore la même chose ailleurs. Cela s'explique aisément : les femmes se marient plus jeunes que les hommes, et, d'un autre côté, comme on vient de le dire, elles sont plus vivaces et elles émigrent ou voyagent moins souvent. Enfin, beaucoup moins de veuves que de veufs contractent un second mariage.

Il y aurait, parmi les gens mariés, un peu plus de femmes que d'hommes : résultat qui doit surprendre, et semble tout d'abord témoigner contre l'exactitude du recensement de 1851. Toutefois, les recensemens de la population, dans les pays où on les fait avec le plus de soin, mentionnent fréquemment un pareil excédant des femmes. Il tient à ce que ce sont particulièrement les hommes qui voyagent à l'étranger; à ce que des militaires dont les femmes se trouvent portées comme mariées dans les communes où elles résident, sont compris, eux, comme garçons dans le chiffre de l'armée, et en outre, à ce qu'il n'est pas toujours possible de bien connaître l'état civil de tout le monde, principalement dans les très grandes villes, où une certaine quantité de filles usurpent les titres de femmes mariées et de veuves.

L'excédant dont il s'agit est d'autant plus la preuve de la bonne foi qui a présidé au dépouillement des listes, qu'au ministère du commerce et des travaux publics, on croyait que le nombre total des personnes mariées devait se partager exactement d'une manière égale entre les deux sexes. Pour moi, si je trouvais cette parfaite égalité, à l'époque actuelle, pour la France entière et surtout pour l'Angleterre, je n'hésiterais point à affirmer que l'on a cherché à faire cadrer les chiffres, ou que les listes n'ont pas été bien faites (1), ou que du moins elles

(1) Si, par exemple, en énumérant parmi la population d'une ville toutes les personnes absentes au moment du dénombrement, qui y ont réellement leur domicile, on énumérait aussi, parce qu'elles sont depuis quelques mois dans la ville, des personnes qui

ne comprennent pas les seules personnes trouvées au moment du recensement. Ajoutons que l'excédant des femmes mariées sur les hommes mariés n'est bien sensible que dans le seul département de la Seine, où il est de 11,266, ou du 17ᵉ environ des hommes mariés, lorsque pour toute la France il ne serait que de 8,995. On conçoit d'ailleurs que la ville de Paris, chef-lieu du département de la Seine, est plus que toute autre le refuge des filles qui se prétendent mariées, et aussi de femmes réellement mariés qui ne vivent point avec leurs maris.

Il résulte encore du recensement de 1831, qu'en France :

Les garçons de tous âges équivalent à plus de la moitié de la population masculine, et à plus du quart de la population totale ; les hommes mariés à plus du tiers de la première, au cinquième environ de la seconde, et les veufs à un 22ᵉ et un 45ᵉ ;

Que les filles sont plus de la moitié de la population féminine, et très sensiblement plus du quart de la population totale ; les femmes mariées plus du tiers de celle-là et pas tout-à-fait le cinquième de celle-ci, et les veuves un 11ᵉ et un 22ᵉ ;

Que les garçons et les filles réunis équivalent à

au même titre que les premières, devraient être recensées dans les départemens, il en résulterait une erreur ; et dans un dénombrement par sexe et par âges, cette erreur ne serait pas seulement un double emploi, mais encore, elle exagérerait les véritables proportions du sexe et des âges, plus particulièrement offerts par les étrangers dont il s'agit.

plus de la moitié de la population totale, les hommes
et les femmes mariés à plus du tiers, et les veufs
et veuves à-peu-près au quinzième,

Ou plus exactement :

Les garçons font les 556 millièmes de la population masculine sans l'armée, et avec celle-ci les
575 millièmes; les hommes mariés les 379 millièmes,
et les veufs les 45 millièmes;

Les filles, les 546 millièmes de la population féminine, les femmes mariées les 364 millièmes, et les
veuves les 90 millièmes.

Rapportés à la population totale, les garçons et les
filles réunis en font les 551 millièmes sans l'armée,
avec celle-ci les 560 millièmes; les personnes mariées les 372 millièmes, et les veufs et veuves les
68 millièmes.

Enfin, en 1831, l'armée nationale ne faisait pas
tout-à-fait la 107ᵉ partie de la population totale, ni
la 53ᵉ partie de la population masculine. On peut
cependant avoir quelques doutes sur l'exactitude de
ces proportions, lorsqu'on sait qu'elles résultent des
seuls renseignemens fournis par les communes. (1)

Si l'on avait recueilli séparément les chiffres pour
les villes et pour les campagnes, on aurait constaté
qu'il y a, proportion gardée, beaucoup plus de femmes dans les premières que dans les secondes, sur-

____

(1) D'après les départs des conscrits, les retours de ceux qui ont
achevé leur temps de service, et les extraits des actes de décès qui
doivent être envoyés des hôpitaux ou des régimens à l'officier de
l'état civil du dernier domicile du décédé.

tout de femmes célibataires et veuves, et que dans les campagnes il y a au moins autant de garçons que de filles, avec un excédant des veuves sur les veufs moins considérable que dans les villes. (1)

J'ai dit que chez nous l'administration ignorait qu'elle dût trouver, parmi les gens mariés, plus de femmes que d'hommes. Cette ignorance était excusable. Mais ce qui ne l'est point, c'est la manière de dresser quelquefois les tableaux officiels de la population. Ainsi, quand on a voulu rédiger ceux de 1826, au lieu de faire un dénombrement tête par tête, seul moyen d'arriver à la vérité, on s'est contenté d'une simple opération de bureaux.

L'assertion doit surprendre. Rien n'est cependant

---

(1) Je n'ai point à faire voir ici comment ces différences sont des résultantes ou des effets complexes de causes nombreuses et simultanées, dont les unes (comme le rapport des naissances de garçons aux naissances de filles, et la mortalité différente des deux sexes) agissent constamment de la même manière, et dont les autres (comme l'état des arts, de l'agriculture, du commerce, les industries dominantes, les nombres respectifs des individus qu'elles occupent ou font vivre, le sort, la condition de ceux-ci, l'aisance ou la misère générale, les intérêts, les calculs individuels, les émigrations et immigrations, les grands évènemens publics, les opérations des gouvernemens, etc.), plus ou moins changeantes, agissent d'une manière variable, et quelquefois s'atténuent les unes les autres, se détruisent même, ou bien se fortifient, se corroborent.

Ainsi, il est bien certain qu'un dénombrement de notre population, fait il y a vingt ans, aurait donné, proportion gardée, moins d'hommes, et surtout d'hommes de certains âges, à cause de la consommation que la guerre venait d'en faire, qu'on n'en a trouvé par le dénombrement de 1831. Cet exemple suffit.

plus vrai. La preuve s'en trouve dans des ouvrages parmi lesquels je citerai les *Recherches statistiques sur la ville de Paris et le département de la Seine.* On y lit, dans le volume publié en 1829 (on a peine à le croire), que le ministère avait demandé qu'on suppléât au recensement de 1826, par une évaluation faite d'après la proportion des naissances. (1)

Cet exemple suffit; il prouve que celui qui prescrivait ou faisait prescrire par le ministre de procéder par une autre voie que celle du dénombrement, était étranger au sujet qui nous occupe. Et pourtant les tableaux de population résultant d'un pareil mensonge administratif, ont été, pendant cinq années, l'unique base de répartition du contingent militaire.

Un fait d'ailleurs montre que les tableaux de population de 1826 étaient erronés, du moins pour le département de la Seine dont ils exagéraient la population; c'est que tant qu'ils ont servi à déterminer le contingent militaire du département, un déficit a eu lieu sur le nombre des jeunes gens demandés.

Mais ce qui doit achever de fixer l'opinion à cet égard, c'est que le contingent en hommes imposé à la ville de Paris, base pour la classe de 1828 sur une population de 800,431 habitans, ne l'a plus été pour

(1) Voir les observations qui suivent le tableau n° 51.

Voyez aussi, pour les autres départemens, une excellente brochure publiée en 1830, et intitulée: *Observations sur le recrutement de l'armée,* par M. le conseiller de préfecture J. de Petigny.

la classe de 1829 que sur une population de 633,615, tout comme s'il y avait eu réellement une diminution de 256,816. Cela résulte des deux comptes officiels sur le recrutement de l'armée, publiés en 1830 et 1831. On avait découvert une grande erreur en plus, et, pour la rectifier, on en a fait une autre en moins. Puis tout-à-coup, lorsque, certes, la population de Paris n'augmentait pas, le dénombrement de 1831 reconnaît 774,338 habitans, ou 140,723 de plus qu'en 1829.

On ne comprend pas comment pendant cinq années consécutives, on a réparti le contingent militaire, cet impôt du sang, d'après des évaluations aussi erronées, au lieu de le répartir, comme le veut la loi, d'après les résultats certains d'un dénombrement effectif; et encore moins comment l'on est resté si long-temps sans découvrir les causes qui ne permettaient pas à un nombre très grand de localités de fournir leur contingent.

Je demande pardon si je rapporte tous ces détails. Ils sont fort ennuyeux. Mais il fallait faire voir clairement que nos états officiels de population ne sont pas toujours sans erreurs, même considérables, et que pour éviter celles-ci on n'a pas toujours choisi la seule méthode qui pût en garantir.

(1) Cette lettre a été insérée dans la bibliothèque universelle de

Je venais d'écrire ce qui précède, quand j'ai reçu de sir Francis d'Ivernois une curieuse et instructive lettre sur la *Mortalité proportionnelle des populations normandes, considérée comme mesure de leur aisance et de leur civilisation* (1). L'auteur y reproche durement à notre administration les lacunes que présentent les documens qu'elle publie sur la population. Voici comment il s'exprime :

« Le peuple français, si distingué par son zèle apostolique pour mettre tous les autres sur la voie de s'assurer si leur condition s'améliore ou s'empire, n'en est pas moins l'un des peuples les plus *reculés* pour tout ce qui tient aux *statistiques vitales et mortuaires*. Ses états de population sont encore à cet égard bien inférieurs à ceux de la Bohême et de la Russie, où l'on a soin d'échelonner le relevé des morts d'après leur âge. » (2)

Il y a loin, certes, de ces assertions à ce qu'on pense généralement en France, savoir : que nous avons devancé les autres nations européennes par l'exactitude et les détails de tous les documens qui sont relatifs à la population. Le fait est qu'il y a de l'exagération dans les deux manières de voir ; nos dénombremens sont bien moins détaillés, bien moins complets, bien moins instructifs que ceux de la Prusse, de la Suède, de la Belgique, de la Grande-Bretagne, de l'Irlande et des États-Unis de l'Amé-

***

(1) Cette lettre a été insérée dans la *Bibliothèque universelle de Genève*, année 1833, Cahier d'avril.

(2) Le tableau des morts de la Russie, rédigé par le Synode, ne comprend que les seuls mâles de la religion grecque, et il y a de bonnes raisons d'ailleurs pour ne pas lui accorder grande confiance dans la distribution des âges des vieillards.

rique, mais ils sont préférables à ceux de plusieurs puissances. D'un autre côté, si nos listes de mariages, de naissances et de décès, du moins celles que l'on a publiées jusqu'ici, sont moins parfaites que les listes de la Prusse, de la Suède, du Danemark, de la Belgique, du Wurtemberg, de la Bohême, etc., bien d'autres pays pourraient nous les envier. Enfin, sans sortir de l'Europe, il y a beaucoup de puissances, la Russie, la Turquie, la Grèce, l'Espagne, etc., dont les chiffres généraux de la population, des naissances, des mariages et des décès, sont presque aussi incertains, peut-être, pour elles que pour nous.

Mais écoutons M. d'Ivernois :

« Il est bien vrai qu'à dater de la restauration, le gouvernement (français) a commencé à publier le relevé des naissances, des mariages et des décès..... Il est également vrai que les *Annuaires* (*du Bureau des Longitudes*) n'ont cessé dès-lors de le fournir chaque année, et pour chaque département séparé, en l'accompagnant du chiffre de sa population. Ce document est précieux sans doute; toutefois il perd son principal mérite, tant que les décédés n'y seront pas rangés d'après leur âge. »

« L'inconcevable oubli de classer les morts par âge, nous prive, continue l'auteur, du meilleur moyen de constater le sort des peuples; moyen qui est tellement sûr, tellement décisif, qu'il suffit de connaître la proportion des enfans que perdent deux provinces dans l'année qui suit la naissance, pour assigner le rang qu'elles occupent dans l'échelle de l'aisance ou de la misère (1). Aussi, M. d'Ivernois se demande-t-il comment il se fait que le tableau des décédés, dressé par catégories d'âge de cinq en cinq ans, et imprimé chaque année dans l'empire russe, demeure encore un secret d'état pour la France constitutionnelle, et comment notre législature, qui impose à l'administration le devoir de livrer à la presse tout ce qui peut éclairer les intérêts sociaux, n'a pas même songé à se plaindre d'un pareil mystère. »

A cela j'ose répondre qu'il n'y a, de la part de notre administration, ni mystère, ni secret d'état; seulement on doit croire que jusqu'à présent elle a ignoré que la force prochaine des nations ne s'appuie pas tant sur l'augmentation numérique et momentanée, par les naissances, du nombre des individus, que sur la durée de la vie moyenne, et que c'est dans les listes par âges des décédés, que se trouve la preuve la moins contestable de l'accroissement ou de la décadence de la prospérité publique. Ainsi, une population stationnaire contribuant aux naissances dans une proportion beaucoup moindre qu'une autre population numériquement égale, ou même *un peu* plus nombreuse, possède une force, une puissance plus considérable que ne l'est celle de la dernière population, par cela seul qu'elle conserve mieux les enfans, et qu'elle compte plus d'hommes faits, c'est-à-dire plus de travailleurs, plus de bras utiles.

____

(1) Évidemment, M. d'Ivernois suppose que les deux provinces ont un climat semblable ou à-peu-près semblable.

« C'est une chose par trop singulière, ajoute M.
d'Ivernois, qu'entre toutes les nations européennes,
les Anglais et les Français, les deux peuples qui se
placent en tête de la civilisation, soient les seuls
qui publient leurs listes mortuaires sans y avoir encore introduit la division des âges. » Ajoutons,
pour être justes, que plusieurs états avancés dans la
civilisation ne publient point ces listes, et que ceux
de l'Union-Américaine n'ont même pas, à bien dire,
des registres de naissances. Mais l'administration bri-
tannique mérite moins que la nôtre le reproche qu'on
lui adressé ; car les résultats des dénombremens des
populations anglaise, écossaise et irlandaise, indi-
quent les sexes et dans certaines limites les âges de
tous les vivans, et, d'un autre côté, une table de
mortalité, par âges et par sexes, fondée sur près de
4,000,000 de décès (3,938,496), vient d'être publiée
pour l'Angleterre et le pays de Galles (1). C'est sans
contredit la plus large qui ait été dressée. Enfin, chaque comté de ce pays, et même chaque grande ville,
si l'on excepte Manchester, a maintenant sa table de
mortalité.

Les recencemens de la population, auxquels je
reviens, ne devraient pas être seulement une énumération par sexe, par âges et par état civil de tous
les habitans, mais encore, autant qu'il est possible,
une énumération par professions et conditions socia-

---

(1) Voyez la note de la page 31 de la Lettre de M. d'Ivernois.

les. Il y a une foule de questions d'un ordre très éle-
vé, dont la solution deviendrait alors facile. (1)

On objectera la difficulté extrême, pour ne pas
dire l'impossibilité, de connaître les professions, je
ne dis pas de 32 millions et demi de personnes, mais
seulement de tous les chefs de famille. Cette objection
aurait pu paraître victorieuse avant le dernier dénombrement de la Grande-Bretagne, par suite du-
quel on a la liste d'environ 600 professions diverses,
avec le nombre de tous les individus du sexe masculin, âgés de 20 ans et plus, qui les exercent dans
l'Angleterre propre, le pays de Galles, l'Ecosse, et
même dans chaque comté (2). Il ne s'agit point d'ailleurs d'énumérer à part tous les individus qui ap-

---

(1) Telles sont les suivantes :

Les populations agricoles sont-elles plus morales que les populations manufacturières ? — Quelles sont les professions qui, proportion gardée, donnent ou font le plus de pauvres ? — celles qui comp-
tent beaucoup ou au contraire très peu d'accusés de crimes ? — Y a-
t-il, dans l'intérêt général, des limites à la division de la richesse,
ou bien à sa concentration dans un petit nombre de mains ? — Sous
quels rapports les très grandes villes sont-elles un bien, sous quels
autres sont-elles un mal ? — Le nombre des hommes non mariés et
celui des femmes qui se prostituent, croissent-ils et naissent-ils l'un
de l'autre ? etc., etc. Combien il serait utile de savoir au juste à
quoi s'en tenir sur ces questions !

(2) Voyez ABSTRACTS OF THE ANSWERS AND RETURNS *made pur-
suant to an Act passed in the eleventh year of the reign of his Ma-
jesty King George IV, intituled : An Act for taking an account
of the Population of GREAT-BRITAIN, and of the increase or diminution thereof.* MDCCCXXXI. 3 vol. in-folio, imprimés en 1833
par ordre de la Chambre des communes.

Voir, à la fin du second volume, les pages 1044 à 1063.

partiennent à chaque profession, mais de faire cette
énumération pour les quinze ou vingt professions
qui occupent le plus de bras, et de distribuer les autres en un petit nombre de catégories. Une chose
importante, dans cette classification, serait de distinguer les maîtres ou entrepreneurs, des ouvriers. (1)

Chez nous, le ministre de la guerre admet, pour
les levées de soldats, dix classes de professions, et
donne les nombres proportionnels qui correspondent
à chaque classe, en ramenant à 100 les 60 ou 80,000
hommes qui recrutent annuellement l'armée (2). Si
l'on suppose que dans l'ensemble de la France les
professions ne se distribuent pas sensiblement d'une
manière différente, on concevra qu'il serait aisé, à
l'aide de ce détail, de remonter, par le calcul, au
partage approximatif, de toute la population masculine entre les dix classes dont on vient de parler.
Malheureusement, si la supposition est fondée, il

______

(1) Les recensemens de la population de plusieurs départemens
ont souvent fait connaître la distribution des habitans entre les prin-
cipales professions, mais jamais la distinction que je réclame. On l'a
cependant introduite pour un certain nombre de professions, dans
les dénombremens de la Suède. (Voyez *Kongl. tabell-commissionens
underdaniga berattelse till Kongl. Maj: tangaende Nativitetens och
Mortalitetens förhallande Aren 1826 Med 1830*, etc. Voir les pages
38 à 40.) Il serait souvent difficile, il est vrai, de faire chez nous
cette distinction; mais on pourrait regarder comme ouvriers tous les
industriels que l'on ne saurait ranger évidemment parmi les entrepreneurs.

(2) Voir les *Comptes rendus sur le recrutement de l'armée.*

aurait fallu faire plus de dix classes, et les tableaux des professions des accusés que publie le ministre de la justice (1), sont peu comparables avec les tableaux des professions des conscrits.

Mais s'il était vrai qu'un recensement complet de la population française, par classes ou professions et conditions sociales, fût impraticable (ce que je nie en me fondant sur l'expérience de la Grande-Bretagne, de la Suède et même de la Prusse), ne pourrait-on pas y suppléer avec un recensement partiel, fait dans un très grand nombre de communes, et semblable, en quelque sorte, à celui que Laplace fit faire en 1802, dans trente départemens français, afin de connaître les rapports des naissances, des mariages et des décès, entre eux et avec la population?

Quoi qu'il en soit, tant que notre administration n'aura pas introduit dans les tableaux officiels de la population et de la mortalité, les perfections que je demande (2), elle méritera les reproches qu'on lui adresse, de connaître beaucoup moins la population de la France qu'on ne connaît celle de plusieurs autres états. C'est surtout de ces perfectionnemens et des recherches qu'ils nécessitent, que l'on peut dé-

-----

(1) Voir les *Comptes généraux de l'administration de la justice criminelle*.

(2) Parmi ces perfectionnemens, je dois mentionner, pour les tableaux de la population, l'introduction d'une nouvelle colonne où serait indiqué le nombre des hommes énumérés comme présens à l'armée.

duire le sort, la condition matérielle des peuples, et même, en tenant compte du climat, le mérite des gouvernemens.

En effet, le partage de la population entre les différentes professions et conditions sociales, rapproché des documens que recueille la justice, et de ceux que l'on devrait recueillir dans tous les principaux établissemens charitables, apprendrait mieux qu'on ne le sait, les circonstances qui amènent la misère, multiplient les crimes, ou bien en préservent au contraire la société; et la lenteur ou la rapidité avec laquelle les générations humaines se succèdent, est, comme le dit sir Francis d'Ivernois, le meilleur compas de toutes les causes réunies qui agissent sur nous. Bien connaître le chiffre de la population, le partage de celle-ci entre les deux sexes, entre les âges et entre les différentes professions ou conditions sociales, non-seulement avec la proportion des morts et des naissances, mais aussi avec l'âge commun des vivans, la *vie probable* et la *vie moyenne* que l'on peut espérer, soit à la naissance, soit à un âge donné, ainsi que la stature commune des hommes qui leur sont soumis, etc., est donc, pour les gouvernemens, une affaire aussi importante que toutes celles auxquelles ils donnent ordinairement le plus de soin. Et leur devoir est de publier franchement ces choses, sans réticence aucune, ne fût-ce que pour ne point les ignorer eux-mêmes, car la meilleure garantie qu'ils aient de les savoir, c'est que les citoyens les sachent aussi.

On opposerait vainement l'impossibilité de les

connaître toutes : des préfets ont très souvent d'eux-mêmes réuni des renseignemens sur l'une ou sur l'autre, et il n'y a point ou presque point une seule de ces choses qui déjà n'ait été examinée avec soin, et d'une manière plus ou moins satisfaisante, dans quelque portion du territoire français. Nos statistiques et annuaires départementaux en offrent la preuve. Enfin, dès 1765 et 1767, on a exécuté des dénombremens effectifs d'habitans par sexe, par âges et par classes, dans diverses provinces de la France (1). Certes, on ne peut croire que l'administration du pays consente à faire moins bien aujourd'hui qu'on ne faisait il y a soixante-dix ans.

———

Je ne sais si j'ai atteint le but principal que je me suis proposé en écrivant le travail dont l'Académie vient d'entendre la lecture; mais j'ai voulu démontrer la nécessité de perfectionner nos dénombremens de la population, et de bien connaître la loi de la mortalité actuelle. Et pourtant, relativement à cette loi, je n'ai rien dit de son application aux tontines, aux rentes viagères, aux transactions, et à tous les contrats qui devraient être fondés sur la connaissance des probabilités de la vie humaine. Est-il besoin de rappeler que faute de cette connaissance,

———

(1) Le Languedoc, le Dauphiné, le Roussillon, le Lyonnais, le Forest, le Beaujolais, l'Auvergne et la Provence. Voir, dans le *Dictionnaire géographique, historique et politique des Gaules et de la France*, par l'abbé Expilly, les articles *Population* et *Provence*.

même de la part des personnes à qui il est le moins permis d'y rester étranger, les pensions sur les caisses de retraites dues par l'État à ses anciens employés, dépassent considérablement toutes les prévisions de ceux qui ont proposé et voté les lois relatives à ces pensions. Je dis que cela est arrivé parce qu'on ignorait la loi de la mortalité. Il serait trop pénible, en effet, de l'attribuer à une autre cause.

Nous n'avons point à nous occuper ici de la manière de former une bonne table de mortalité. Si les états en chiffres du *Mouvement de la population* que les préfets adressent chaque année à l'administration centrale, étaient tous exacts, et si d'ailleurs on avait des renseignemens *complets* sur les émigrations et immigrations, on pourrait en déduire la loi de la mortalité pour chaque département. Mais les états dont il s'agit doivent contenir beaucoup d'erreurs, car ils ne sont jamais examinés à Paris, quoique l'on en prenne les dernières lignes pour l'*Annuaire du Bureau des Longitudes;* et je pourrais nommer un département où, pour abréger sa besogne, l'employé chargé de leur rédaction a quelquefois copié la distribution par âges et par sexe des décédés d'une année antérieure, certain qu'il se croyait qu'on ne s'en apercevrait point. (1)

----

(1) Des inexactitudes nombreuses dans les états en chiffres dont il s'agit ont été signalées en 1835 par M. Demonferrand. V. les *Comptes-rendus hebdomadaires des séances de l'Académie des sciences, pour l'année* 1835, p. 157.

Un très bon moyen de faciliter les recherches sur la mortalité, et par conséquent la rédaction des bonnes tables qui auraient pour objet d'en exprimer la loi, serait, chaque fois que dans une commune il meurt une personne qui était née ailleurs, que le maire de cette commune fût tenu d'envoyer l'acte mortuaire à l'officier de l'état civil du lieu de la naissance, qui transcrirait cet acte sur ses registres, comme cela se pratique dans la commune du dernier domicile, pour tout individu décédé dans un hôpital, soit civil, soit militaire, ou bien dans une prison. (1)

Quant au dénombrement de la population, qu'il me soit permis d'émettre le vœu que la législature intervienne chez nous, comme cela se fait dans la grande-Bretagne et les états de l'Union-Américaine, toutes les fois qu'il s'agira de cette opération. Si la loi déterminait le jour précis où l'on devrait la commencer partout, et prescrivait les principaux moyens d'exécution, elle la faciliterait beaucoup,

---

(1) Si l'on adoptait cette mesure, il serait bon d'ajouter au numéro d'ordre de chaque acte de décès, d'autres numéros d'ordre; un pour les personnes nées dans la localité, un pour les personnes nées ailleurs, mais en France, et un troisième pour les personnes nées hors du territoire français; ou bien il faudrait faire ces distinctions d'une autre manière en marge des actes. On ne saurait disconvenir, toutefois, que dans les communes où les maires sont le moins instruits, cette mesure pourrait être difficilement observée; mais elle ne rencontrerait aucune difficulté au greffe des tribunaux de première instance, où un double des registres est déposé à la fin de chaque année.

en même temps qu'elle serait une garantie de son
exactitude. Enfin, et c'est par là ce que je veux termi-
ner, il serait convenable de faire servir les dénombremens complets de la population au recensement
de la garde nationale et à d'autres recensemens spé-
ciaux, ceux par exemple, des conditions sociales,
des professions, des indigens, des aveugles, des
sourds-muets (1), etc,, et même à des recherches
qui intéressent uniquement la science de l'homme (2).
De cette manière un grand nombre de renseignemens utiles seraient recueillis à-la-fois avec beaucoup moins de peine que si on les recueillait séparément, et l'on ne fatiguerait ni les citoyens, ni les
administrations locales, par des enquêtes multi-
pliées qui sont très souvent la répétition l'une de
l'autre. (3)

---

(1) Le dernier dénombrement de la population des États-Unis de
l'Amérique a fait connaître les nombres des aveugles et des sourds-
muets.

(2) Telle serait la recherche de la taille aux différens âges et
chez les deux sexes, pour en déduire la loi de la croissance, la recherche du poids, etc. Des travaux de M. Quetelet, publiés tout récem-
ment sur ces sujets prouvent d'ailleurs qu'ils ne sont point de pure
spéculation scientifique, et qu'ils ont aussi un véritable intérêt d'application ou d'utilité.

(3) Je m'explique :

Divers recensemens des habitans sont faits chez nous, chacun
dans une vue particulière et pour le compte d'une administration
différente. Ainsi, le ministre du commerce et des travaux publics fait
faire le recensement général de la population ; le ministre de l'inté-
rieur, celui de la garde nationale ; le ministre des finances, celui des
personnes imposées aux diverses contributions, etc. Enfin, chaque

ministre, chaque directeur d'une branche du service public, fait faire le recensement des individus sur lesquels il a juridiction. Presque tous les détails demandés dans ces divers recensemens pourraient être compris dans un seul.

Afin de faciliter toutes les sortes de recensemens, comme toutes les recherches relatives à la population, on a proposé en 1832, dans une petite brochure intitulée *la France réelle et la France fictive*, par un ex-ministre, des *bulletins individuels* sur lesquels, dans chaque commune, on inscrirait chacun lors de sa naissance ou bien de son arrivée, et cela en peu de mots, quoique avec tous les faits importans qui le concernent et tous les détails nécessaires pour remonter à son origine. Ces *bulletins individuels*, que la correspondance administrative tiendrait au courant, permettraient de suivre, pour ainsi dire, chaque personne à travers les voyages, les changemens de domicile, les émigrations, et toutes les circonstances qui, dans l'état actuel des choses, font nécessairement perdre sa trace. Ils indiqueraient aussi tous les changemens principaux qui surviennent dans la vie civile et militaire, à mesure qu'ils s'effectuent.

Mais ne nous abusons point sur l'utilité des *bulletins individuels*, ils ne dispenseraient jamais du recensement, tout en le facilitant beaucoup, dans une ville comme Paris, dans les villages de sa banlieue qui en sont le plus voisins, et dans plusieurs autres endroits.

Si l'utilité incontestable de ce moyen était démontrée, une loi pourrait en ordonner et régler l'emploi. De même qu'un nouveau *bulletin* serait introduit dans la collection des communes pour chaque nouveau-né ou nouvel-arrivant, de même, à chaque départ définitif ou à chaque mort, on retirerait de cette collection le *bulletin* de la personne qui vient de mourir ou bien de quitter la commune pour aller s'établir ailleurs, et, dans ce dernier cas, une copie en serait adressée au maire du nouveau domicile.

Contraste insuffisant ou
différent, mauvaise qualité
d'impression

Under-contrast or different,
bad printing quality